LA POLITIQUE DU JAPON
PENDANT LA PREMIÈRE ANNÉE DE LA GUERRE EUROPÉENNE

Le formidable conflit où l'un des deux groupes des grandes Puissances s'est jeté sur l'autre, ébranle les bases morales de la société des nations et secoue les peuples les plus éloignés. Les neutres, quoi qu'ils en aient, y sont impliqués soit par la force des faits, soit par la volonté de certains belligérants, et leur rôle n'est guère plus facile ni moins dangereux que le rôle de ceux-ci. Ils veulent, peut-être pour les motifs les plus respectables, rester loin de la lutte; ils risquent de ressembler à ceux dont parle Dante, à ces

> *anime triste di coloro,*
> *Che visser senza infamia, e senza lodo,*

ou aux anges

> *che non furon ribelli,*
> *Nè fur fedeli a Dio, ma per se foro.*

Le Japon, à l'extrémité de l'Asie orientale, n'a pas montré cette passivité et, dès la première heure, il s'est rangé résolument dans le camp où l'attiraient son sens élevé de l'honneur, ses sympathies, ses intérêts. Quelle place lui ont assignée et les circonstances environnantes et ses propres idées?

Le 15 août 1914, le gouvernement japonais faisait remettre à l'ambassadeur d'Allemagne à Tōkyō l'ultimatum suivant :

Considérant que, dans la situation présente, il est hautement important et nécessaire de prendre des mesures pour écarter toutes causes tendant à troubler la paix en Extrême-Orient, et pour sauvegarder les intérêts généraux visés par la convention d'alliance entre le Japon et la Grande-Bretagne..., le Gouvernement impérial du Japon croit de son devoir d'aviser le

Japon avait le même intérêt que la Triple-Entente à briser une menace de domination universelle, il pouvait aisément agir soit en Pologne, soit au canal de Suez, point aussi important pour lui-même que pour l'Angleterre, soit dans l'Inde en déchargeant son alliée de garder ce domaine. Le *Nichi nichi*, qui n'était pas adversaire irréconciliable du projet, énumérait les objections, nécessité de surveiller la Chine, de se tenir prêt à défendre l'Inde selon le traité d'alliance, de faire face aux complications éventuelles. Mais la grosse difficulté résidait dans le sentiment national au sujet du rôle de l'armée : la nation étant une seule famille sous la direction suprême de son chef, celui-ci ne saurait vouloir employer l'armée sortie de la nation que pour la sauvegarde du pays, de ses intérêts, de son honneur; l'honneur ou les intérêts étaient-ils impliqués dans une expédition si lointaine? le pouvoir de l'empereur n'étant pas tyrannique n'irait pas jusqu'à envoyer à une telle guerre de prestige et de magnificence des hommes destinés à la défense du pays; ces hommes pourraient légitimement refuser de partir. Quant à des volontaires, c'est-à-dire à des mercenaires, on n'en trouverait pas au Japon, pas plus qu'on ne trouverait un cabinet pour ordonner une campagne dont les frais seraient payés par une puissance étrangère. En tenant compte de ces idées très répandues, on comprend comment le gouvernement ne pouvait songer à une intervention avouée en Occident[1].

*
* *

Les troupes japonaises étaient maîtresses du territoire de Kyao-tcheou; quelques troupes anglaises avaient coopéré avec elles, prenaient part à l'occupation, à l'entrée solennelle dans la ville de Tshing-tao, qui se fit le 14 novembre. Une note collective remise vers la fin du mois par les légations des deux Puissances alliées avisa le ministère chinois de l'établissement d'un gouvernement militaire, d'une garnison et d'une station navale. Par ces mesures prises en commun, la Grande-Bretagne voulait affirmer l'alliance, l'accord des vues; mais elle s'effaçait derrière son allié, reconnaissait

---

1. *Japan Mail*, 7 novembre 1914, p. 437; 14 novembre, p. 454, 464, 465; 21 novembre, p. 479, 487; 19 décembre, p. 575; 26 décembre, p. 599, 605; 2 janvier 1915, p. 5; 23 janvier, p. 59.

la prédominance de son action militaire, l'importance majeure de son commerce plus considérable que le commerce allemand, la primauté de ses intérêts. Le baron Katō annonça publiquement qu'il adhérait au régime de la porte ouverte, qu'il s'efforcerait de faire prendre au port tout le développement que les Allemands n'avaient su lui donner; l'ouverture au trafic d'abord annoncée pour le printemps eut lieu en effet le 28 décembre, les bateaux de Daï-ren (Lyao-tong) reprirent aussitôt la traversée du golfe; on projeta de prolonger la voie ferrée depuis Tsi-nan jusqu'au Péking-Han-kheou[1]. Il fallait rétablir les douanes du port. Elles étaient auparavant reliées au service des douanes maritimes chinoises, dont le personnel est international; en raison de la condition politique du territoire, quelques règles spéciales favorables à l'État possesseur avaient été fixées par des accords du 17 avril 1899 et du 1ᵉʳ décembre 1905, qui ont inspiré l'organisation du port de Daï-ren (mai 1907) loué au Japon; au lieu d'appliquer, comme il semblait naturel, ce *modus vivendi*, les autorités japonaises nommèrent tout un personnel tiré de leurs douanes nationales. Le ministère chinois protesta immédiatement, ainsi que M. Aglen, inspecteur général : la décision du Japon violait en effet tous les règlements et les précédents du grand service créé par Sir Robert Hart, mettait en danger cette organisation délicate et indirectement l'indemnité due par la Chine aux Puissances. Il fallut bien des mois pour arriver à un compromis (6 août 1915) qui rétablit dans ses droits l'inspecteur général, tout en donnant satisfaction au Japon sur plusieurs points[2].

Cet incident épineux n'était qu'un symptôme parmi d'autres faits plus graves. La Chine avait pensé profiter des dissensions européennes pour recouvrer le territoire loué naguère à l'Allemagne et elle était fort déçue en voyant le Japon s'y installer. Ces espoirs du gouvernement de Péking reposaient, semble-t-il, uniquement sur un texte, car les engagements japonais à l'égard de la Chine, de l'Angleterre, des États-Unis, engagements dont la presse a souvent parlé, n'ont pas été publiés; dans la mesure où ils existeraient, ils ne

1. *Japan Mail*, 14 novembre 1914, p. 445; 21 novembre, p. 478, 494; 28 novembre, p. 508, 512; 19 décembre, p. 585; 2 janvier 1915, p. 42.
2. *Id.*, 26 décembre 1914, p. 607; 2 janvier 1915, p. 42; 7 août, p. 67; 21 août, p. 95.

peuvent avoir la portée et la précision qu'on a voulu leur donner.
Le texte est celui de l'ultimatum du 15 août; on y lit : « remettre
sans condition ni compensation... tout le territoire loué de Kyao-
tcheou en vue d'une restitution éventuelle dudit territoire à la
Chine ». De nombreux journaux en Chine, plusieurs aux États-Unis,
quelques uns même en Angleterre, ont vu dans cette phrase une
promesse formelle; pour des publicistes non responsables, l'erreur
est pardonnable; il est plus surprenant que les membres du gouvernement chinois, ou une partie d'entre eux, y soient tombés. Dès
le mois d'août, des journaux japonais avaient réfuté la fausse interprétation de la clause visée, et l'explication a été souvent reproduite
sous diverses formes : la restitution à la Chine n'est mentionnée que
comme suite à la remise volontaire de Kyao-tcheou par l'Allemagne ;
celle-ci n'ayant pas répondu à l'ultimatum, le Japon amené à lui
faire la guerre, s'est emparé de vive force de Tsing-tao et de plusieurs îles du Pacifique, il en est donc maître par droit de conquête,
ce qui est bien différent de l'hypothèse prévue dans l'ultimatum.
Dans ce sens, le baron Katô, attaqué à la Diète à propos des engagements qu'on lui attribuait, déclara qu'il n'avait promis nulle restitution; il ne dit pas d'ailleurs que le Japon ne restituerait pas, mais il
laissait entendre qu'il y avait à choisir le moment. L'opinion la plus
générale était que seul le congrès futur pourrait trancher le différend
et que jusque là le Japon devait rester à Tsing-tao. Dans les polé-
miques s'exacerbant en décembre et janvier, un journal anglais de
Chine déclara que, si le Japon restituait sans délai le territoire liti-
gieux, il ne s'écoulerait pas trois mois avant que les Allemands y
fussent maîtres de nouveau[1].

Divers indices décelaient une action allemande dans les milieux
indigènes à Chang-haï, au Chan-tong, à Péking; c'est à cette
influence qu'on attribua l'étrange démarche du mois de janvier,
suite d'une série de tentatives qui avaient commencé au lendemain
de la prise de Tsing-tao. Par une simple note adressée aux légations
japonaise et britannique (7 janvier), le Cabinet chinois fit connaître
qu'il avait supprimé la zone de guerre précédemment établie et que
l'armée japonaise n'avait qu'à évacuer la province du Chan-tong.

1. *Japan Mail*, 22 août 1914, p. 180; 11 novembre, p. 464, 465; 19 décembre,
p. 584, III; 9 janvier 1915, p. IV.

Ce procédé fut, au Japon, tenu pour une insulte et la situation changea immédiatement de caractère[1].

Un État d'organisation moderne, pour peu qu'il entretienne des relations avec la Chine, a toujours des griefs à faire valoir; plus ces rapports sont fréquents, plus les sujets de plainte ont chance de se multiplier. Asile accordé à des conspirateurs ou à des bandes de brigands, contestations de frontière, litiges pour le passage des caravanes, pour la jonction des voies ferrées, droits perçus arbitrairement, saisies de marchandises opérées indûment ou sans les formes requises, obstacles mis publiquement ou sournoisement à la circulation, à la résidence des sujets étrangers, à l'exercice des droits qui leur sont reconnus, conflits de juridiction, sévices et meurtres, insultes au pavillon, par toutes sortes de violations de détail des accords conclus, les mandarins de l'Empire s'efforçaient, le plus souvent avec une courtoisie souriante, de reprendre ce que le Tsong li yamen avait à son corps défendant accordé en bloc, et les fonctionnaires de la République, remplaçant l'orgueil d'une antique civilisation par un nationalisme soupçonneux, tâchent d'empiéter sur les privilèges concédés, avec des arguties de juriste et une rudesse qu'ils croient bien occidentale. Sans conteste, la Chine a eu à souffrir dans sa grandeur politique, dans son idéal de société, dans son orgueil partiellement légitime, bien plutôt que dans ses intérêts matériels; mais il ne s'est encore trouvé chez elle aucune aristocratie pour comprendre la condition nouvelle faite à l'Extrême-Orient, tirer la leçon des événements, adopter une attitude permettant de voir venir et d'affronter; aussi la politique étrangère de Péking a-t-elle consisté en une série mal liée de réactions contre les poussées extérieures : c'est jusqu'ici en quelque sorte contre l'attaque d'un être évolué, doué de centres nerveux qui commandent, d'organes subordonnés les uns aux autres, la riposte instinctive d'un être moins complexe, presque linéaire. Le Japon, par raison de voisinage, par suite de son développement politique, par l'effet de son activité économique, a des intérêts graves, qui à ses yeux doivent l'emporter sur ceux de quiconque et qui pâtissent du manque de direction de la politique chinoise. La guerre à coups d'épingle agrée peu au gouvernement de Tôkyô, et

1. *Japan Mail,* 14 novembre 1914, p. 471; 16 janvier 1915, p. VII; 22 janvier, p. 59.

elle exaspère la presse et la population ; on la voit, en remontant seulement jusqu'au traité de Portsmouth, trop souvent pratiquée par les autorités et les commerçants chinois à propos de questions quotidiennes et triviales, chemins de fer, postes, police, propagande bouddhique. De son côté, le Japon exige rigoureusement le respect du nom japonais et l'observation des accords signés ; il tire les conséquences pratiques des traités de Portsmouth et Komoura pour asseoir sa domination en Corée et organiser l'exploitation du Lyao-tong ; mais quand il s'est trop avancé, ainsi pour le Kan-tô et pour les îles Pratas, il cède. En somme, content de l'influence qui lui est reconnue en Mantchourie pourvu qu'elle soit réelle, il est dès lors partisan du *statu quo*, de l'intégrité de la Chine et, sauf dans les régions réservées, du principe désigné par le terme d'*equal opportunities*. Pour achever le tableau, il ne faut pas oublier l'activité japonaise qui secoue la lenteur chinoise, le caractère remuant, indiscret, peu scrupuleux des émigrés de classe inférieure, le parfait mépris où ils tiennent les gens du continent. Cette situation épineuse en tous temps est encore compliquée par les souvenirs de la révolution ; depuis cette époque, et les journaux japonais souvent violents et partiaux le reconnaissent, l'attitude du Japon a manqué de netteté, le Cabinet ayant une politique hésitante, le gouvernement militaire de Corée agissant de son côté, les partis d'opposition et la presse favorisant ouvertement et pratiquement les révolutionnaires et rebelles du sud. Le baron Katô s'aperçut de la méfiance redoublant à Péking et, en juin 1914, il envoya comme ministre dans cette capitale un homme de choix, M. Hioki, chargé de montrer que le Cabinet japonais désire seulement la stabilité du gouvernement chinois et devant pratiquer une politique d'amitié et de franchise[1]. Les événements qui suivirent, la campagne du Chan-tong mirent obstacle à cette mission d'apaisement : l'irritation de Péking, attisée par ceux qui y avaient intérêt, se porta au procédé discourtois supprimant sans entente préalable la zone de guerre.

Tôkyô répondit qu'aucun compte ne serait tenu de la notification et sans exiger ni excuses ni satisfaction réclama, comme lors d'autres différends, l'examen et le règlement de toutes les questions

[1]. *Japan Mail*, 2 février 1914, p. 215 ; 6 juin, p. 621 ; 25 juillet, p. 84 ; 22 août, p. 178.

pendantes ; cette demande était dans l'esprit du baron Katō une
mesure de condescendance et une preuve de l'intérêt attaché par son
gouvernement à l'intégrité de la Chine, au maintien de l'ordre sur
le territoire de la République, elle acheminait en même temps le
Japon vers l'obtention des avantages substantiels auxquels le voisinage, les intérêts existants, les conditions actuelles lui permettaient
de prétendre. Faute de pouvoir écarter la proposition, le gouvernement de Péking entra en discussion ; ouvertes le 2 février, les con-
férences se succédèrent pendant trois mois sans qu'on approchât de
la solution pour quelques points des plus importants ; tandis que le
ministère chinois opposait à M. Hioki une résistance opiniâtre par
tout un jeu de compensations, de contre-propositions, des réunions
populaires se tenaient dans les principales villes chinoises ; des péti-
tions souvent menaçantes étaient adressées aux autorités, le boycot-
tage des produits japonais s'organisait. Vers le 20 mars des troupes
fraîches débarquèrent du Japon pour renforcer les gardes des voies
ferrées et les garnisons au Chan-tong et au Lyao-tong ; quelques
centaines d'hommes entrèrent à Tsi-nan, autant dans la ville chinoise de Moukden ; pendant quelques séances le ton des discussions
à Péking fut particulièrement amical. L'insistance des négociateurs
japonais, la pression exercée ainsi sur la Chine accroissaient d'autre
part l'inquiétude née dans les milieux commerciaux et industriels
anglais qui craignaient de voir léser les intérêts proprement britanniques ; plusieurs chambres de commerce, celles de Manchester, de
Bradford, exprimèrent ce sentiment, trouvant fâcheux que le Japon
profitât des complications européennes pour promouvoir ses avantages particuliers. L'opinion anglaise était d'ailleurs mal informée
des demandes présentées le 18 janvier et discutées depuis lors ; de
divergences entre les communications à la presse émanées de Tōkyō
et de Péking, elle concluait que le baron Katō avait usé de dissimu-
lation à l'égard du Foreign Office, et justement pour les demandes
les plus graves. Rien alors ni depuis, à juger froidement, n'autorise
ce soupçon et il est fort naturel que la diplomatie japonaise n'ait pas
fait ses confidences à la presse. Elle profita toutefois de l'indication
et, pour alléger la tension renaissante à Péking, présenta de ses
demandes une liste réduite au minimum, souhaitant une réponse
prompte, mais sans fixer de délai (26 avril). La réduction portait sur-

tout sur les clauses réunies dans le groupe V; le baron Katō aurait fait demander par le mémorandum de janvier le privilège de fournir la moitié des munitions et armements qui seraient achetés par la Chine, l'engagement de Japonais comme conseillers politiques, financiers et militaires, l'organisation en commun de la police dans certaines localités, le droit de prêcher le bouddhisme, d'acheter des terrains dans l'intérieur pour y construire des temples, écoles, hôpitaux. Un tel accord opposé au principe d'*equal opportunities* eût mis le Japon en une posture privilégiée dans les sections les plus importantes de l'administration chinoise; ces clauses disparaissaient en partie dans le mémoire du 26 avril; l'examen de celle qui concerne le bouddhisme était remis *sine die*. A la concession pure et simple d'abord réclamée de lignes de chemin de fer Woû-tchhang-Kyeou-kyang-Nan-tchhang, Nan-tchhang-Hang-tcheou, Nan-tchhang-Tchhao-tcheou, était substituée une concession formulée de manière à ménager les droits de la Grande-Bretagne dans la région. Dans les quatre premiers groupes de demandes les changements étaient surtout des précisions et des modifications verbales[1].

Cette liste revisée, venant après des déclarations conciliantes mais vagues du comte Ōkouma, rendit courage aux diplomates chinois. A la séance du 1er mai, le ministre des Affaires étrangères Lou Tcheng-syang remit une réponse repoussant une partie des demandes japonaises et réclamant entre autres avantages qu'un plénipotentiaire chinois prît part ultérieurement aux négociations relatives à Kyao-tcheou entre le Japon et l'Allemagne. Cette réponse étant déclarée le maximum des concessions de la Chine, l'ambassadeur Hioki retira aussitôt ses propositions au sujet de Kyao-tcheou et laissa prévoir le désappointement de son gouvernement. La Diète allait se réunir à Tōkyō et le Cabinet ne voulait pas se présenter devant elle sans une solution favorable de l'affaire de Chine; la presse et une partie des hommes politiques étaient très belliqueux. Les ministres envisagèrent un ultimatum, mais les gen-rō repoussèrent cette idée; les forces présentes en Chine n'étaient pas, à leur avis, suffisantes pour agir efficacement; le mécontentement des États-Unis était probable

---

1. *North China Herald*, 30 janvier 1915, p. 311; 13 février, p. 492; 27 mars, p. 911; 3 avril, p. 32; 10 avril, p. 84; 17 avril, p. 164; 1er mai, p. 367. — *Japan Mail*, 22 mai 1915, p. 286.

et l'accord avec l'Angleterre n'était pas complet sur la question chinoise. Le baron Katô fut sur le point de se retirer; puis un nouveau projet d'ultimatum fut rédigé; l'on en avait totalement écarté le groupe V des demandes, à l'exception d'une clause concernant le Fou kyen et qui passa dans le traité; de rapports reçus, on concluait que les ministres chinois n'étaient pas préparés à maintenir davantage leur résistance. Les gen-rô acceptèrent la rédaction corrigée qui fut communiquée le 7 mai au ministère chinois; ils furent vivement blâmés pour leur modération taxée de faiblesse qui assurait, disait-on, un succès à la diplomatie de Péking; des journaux, *Asahi*, *Nitsi nitsi*, *Yorodzou*, conjurèrent le gouvernement de renoncer à réunir ce conseil extralégal; des interpellations furent adressées au baron Katô qui assuma complètement la responsabilité de la politique suivie[1].

Cette ligne de conduite était marquée au coin de ce bon sens et de ce tact qui caractérisent au Japon la direction des relations extérieures. On en peut juger par diverses opinions étrangères, ainsi par celle du gouvernement de Washington et par celle de la presse anglaise de Chang-hai. Aucune intervention officielle ne semble s'être exercée pendant les négociations entre la Chine et le Japon, mais il y eut sans nul doute des communications avec les Cabinets étrangers; une note des États-Unis transmise le 13 mai aux deux ministères de Péking et de Tôkyô, déclara que cette Puissance ne reconnaîtrait aucun accord ni aucune entreprise lésant soit les droits acquis par son gouvernement ou par ses citoyens, soit l'intégrité politique ou territoriale de la République Chinoise, soit le principe international de la porte ouverte. La limite ainsi fixée à l'action du Japon était la même qu'admettait le rédacteur du *North China Herald*, quand il écrivait le 8 mai qu'il ne pouvait croire à la violation par le Japon de ses promesses et de l'alliance, et quand il le félicitait le 10 de n'avoir pas imposé à la Chine le choix entre la guerre avec perte de territoire et la renonciation à toute indépendance. La note officielle et les réflexions du journaliste montrent quelles étaient les craintes et combien le Japon eût perdu à suivre les conseils extrêmes[2].

1. *North China Herald*, 1er mai 1915, p. 346; 8 mai, p. 387, 416, etc. — *Japan Mail*, 1er mai 1915, 8 mai, 15 mai, etc.
2. *North China Herald*, 15 mai 1915, p. 441, 485; 29 mai, p. 641.

Dans les délais fixés, de bonne heure le 9 mai, le gouvernement chinois remit à la légation du Japon une note d'acceptation dont les termes avaient été préalablement convenus; la convention fut signée le 25 mai à Péking, les ratifications furent échangées dans les deux capitales le 8 juin. Deux groupes d'articles ont trait à Kyao-tcheou et au Chan-tong; ils règlent les conditions où se trouvera le Japon substitué à l'Allemagne. Pour le Chan-tong, la Chine ratifie d'avance les arrangements à conclure par les deux belligérants au sujet des droits et concessions obtenus auparavant par l'Allemagne; elle s'engage à ne céder désormais ni donner à bail aucune partie de la province, créant ainsi une sorte d'hypothèque qui ne figurait pas à l'arrangement primitif sino-allemand. Deux articles économiques (chemins de fer, ports à ouvrir) complètent ce groupe. Si le Japon obtient au traité de paix la libre disposition de Kyao-tcheou, il restituera ce territoire à condition que toute la baie soit ouverte au commerce, qu'une concession japonaise soit établie dans une localité choisie par le Japon et qu'une concession internationale soit établie si les Puissances le demandent; par là, le gouvernement de Tôkyô garde une situation privilégiée, mais fait aux étrangers une part plus large que sous le régime allemand. Par un article isolé, la Chine promet, en raison des relations fréquentes du Fou-kyen avec Formose, de n'autoriser aucune Puissance autre que le Japon à construire sur cette côte des chantiers, stations de charbon, établissements militaires, et de ne laisser construire aucun établissement avec des capitaux étrangers. Cet article inspiré par les craintes qui ont été rappelées plus haut, complète la promesse de non-aliénation d'avril 1898. Le Japon avait demandé que la Chine s'engageât à n'aliéner nulle partie de son littoral; un article spécial énonce qu'il se contente de la déclaration faite spontanément par la Chine à ce sujet : fiction diplomatique destinée à ménager l'amour-propre de l'adversaire. Les dispositions de ces quatre groupes ont une portée territoriale; aucune ne diminue l'intégrité du territoire chinois, aucune n'est directement contraire au principe de la porte ouverte[1].

Un autre article stipule que la compagnie Han-ye-phing restera indépendante de l'État et que les arrangements qui pourraient être

---

1. *North China Herald*, 15 mai 1915, p. 487 ; 29 mai, p. 644 ; 12 juin, p. 758. — *L'Asie Française*, 1915, p. 61.

conclus entre cette compagnie et des capitalistes japonais, seront
ratifiés. Cette affaire (houillères de Phing-hyang, mines de Ta-ye,
aciéries de Han-yang), fort importante pour le Japon qui manque de
minerai de fer, avait depuis 1898 emprunté des fonds à des Japonais, environ 35 millions de yen; les prêteurs désiraient avoir part
à la direction; le gouvernement chinois s'y opposait par divers
moyens. Le différend était devenu aigu au début de 1914, lors des
négociations et du contrat avec la Standard Oil Company; il est
réglé par l'accord du 25 mai [1].

Les deux groupes d'articles qui restent à mentionner, concernent
la Mandchourie du sud et la Mongolie orientale. En Mandchourie, la
situation privilégiée du Japon découle du traité de Portsmouth et des
accords conclus ultérieurement avec la Chine et avec la Russie,
réglant l'occupation du pays, les questions de police et de juridiction, le régime des voies navigables, des chemins de fer, des postes,
des douanes, du commerce dans les villes ouvertes et dans le reste
du territoire, l'exploitation des mines, forêts, pêcheries. Une entente
d'octobre 1913 a concédé au Japon un millier de kilomètres de voies
ferrées entre Kirin, Tchang-tchiwen, Je-ho et Thao-nan, et amorcé
la pénétration depuis la Mandchourie dans la Mongolie orientale;
cette dernière région, séparée de l'autre politiquement, en est la suite
naturelle pour la configuration du sol et la vie économique; toutes
deux dominent militairement la Corée, comme l'histoire le montre à
chaque page. C'est la situation du Japon dans ces riches pays peu
exploités que l'accord du 25 mai a précisée, consolidée, étendue,
moins toutefois que la diplomatie de Tôkyô ne le souhaitait. Pour
la Mandchourie méridionale, les prises à bail de territoires conclues
pour vingt-cinq ans en 1898, sont prorogées jusqu'à une durée
totale de quatre-vingt-dix-neuf ans; les sujets japonais pourront
circuler et résider, louer et acheter des terrains, exercer toutes pro-
fessions, exploiter certaines mines déterminées; ils seront soumis
aux taxes et aux règles de police fixées par l'autorité chinoise et
approuvées par l'autorité japonaise, ils seront jugés par des tribu-
naux mixtes pour les litiges où la partie adverse sera chinoise; le
Japon sera consulté le premier pour les emprunts concernant la

1. Japan Mail, 7 mars 1914, p. 279, 280; 13 mars, p. 320, 25 avril, p. 484;
17 avril 1915, p. 527.

région comme pour les conseillers ou instructeurs militaires, financiers, de police, d'administration qui pourraient être engagés. — Pour la Mongolie orientale, les entreprises mixtes (sino-japonaises) industrielles et commerciales seront autorisées; de nouvelles localités seront ouvertes au commerce; en cas d'emprunts à contracter, la Chine s'adressera d'abord au Japon[1]. L'Empire Japonais s'est ainsi assuré à ses portes une vaste colonie d'exploitation et de peuplement.

*
* *

Extension non méprisable, en Mongolie, en Mantchourie, au Chan-tong du domaine extérieur du Tennô, avantages économiques, garanties politiques nouvelles acquises en Chine avec de nouveaux moyens d'action, expulsion d'un pouvoir rival aussi dangereux et remuant sur le terrain politique que dans les luttes économiques, manifestation de sa puissance et accroissement de son prestige aux yeux de l'Europe comme des plus proches voisins : tels sont les résultats positifs acquis en moins d'une année par le Japon, seul gagnant jusqu'ici dans la conflagration universelle. L'Extrême-Orient sent moins fort la main que l'Europe a appesantie sur lui depuis soixante-dix ans; pour la première fois depuis 1842, il règle ses affaires presque sans intervention occidentale. Des tendances s'affirment, inégalement heureuses : la Chine accepte volontiers l'aide des États-Unis et, ulcérée de la politique japonaise, se prête complaisamment aux influences allemandes. L'alliance anglo-japonaise renforcée, le rapprochement marqué avec la Russie dessinent un nouveau groupement asiatique, une autre Triple-Entente, garante en Extrême-Orient de la paix et du *statu quo*.

MAURICE COURANT.

1. *Japan Mail*, 11 octobre 1913, p. ; 25 octobre, p. 314, 316; 1er novembre, p. 593; 13 décembre, p. 713; 24 février 1914, p. 220; 7 mars, p. 280. — *North China Herald*, 15 mai 1915, p. 486. — *L'Asie française*, 1914, p. 54.

CHEMINS DE FER D'ORLÉANS

Relations entre Paris Quai d'Orsay et Barcelone via Cerbère-Port-Bou. — Billets directs simples et aller et retour en 1re, 2e et 3e classes de Paris-Quai d'Orsay à Barcelone ou vice-versa. — Divers itinéraires. — Durée de validité : billets simples 4 jours, billets aller et retour 4 jours. — Faculté d'arrêt sur tout le parcours, en France et en Espagne. — Enregistrement direct des bagages.

Via Bordeaux. — Via Limoges-Montauban-Toulouse. — Via Toulouse-Montauban-Limoges.

Wagons-restaurant sur certains points du parcours en France et en Espagne.

Villégiatures d'automne à Pau et à la Côte d'Argent. — L'automne est la saison la plus favorable au séjour sur la Côte d'Argent et dans la région de Pau où le ciel est toujours ensoleillé et la température très clémente.

Des services de trains avec voitures directes, wagons-lits et wagon-restaurant offrent les plus grandes facilités pour le déplacement. De Paris on se rend en 9 heures à Bordeaux, en 13 heures à Pau, Biarritz et Saint-Jean-de-Luz. Le retour s'effectue avec les mêmes facilités.

CHEMINS DE FER DE L'ÉTAT

Nouveau service de trains au 5 octobre 1918. — La période des vacances étant sur le point d'être terminée, l'Administration des chemins de fer de l'État a dû envisager certaines modifications dans l'organisation actuelle de ces trains et elle appliquera à partir du 5 octobre prochain un nouveau service mieux approprié aux circonstances actuelles.

Ce service se rapproche sensiblement de celui qui fonctionnait avant le 10 juillet. Pour le moment, il ne saurait être question de revenir à l'organisation du temps de paix, les besoins de la défense nationale imposant encore au pays, de nombreuses restrictions dans les déplacements des voyageurs civils soit qu'il en soit des trains express considérament à circuler, au moins cet été soulagés qu'au printemps dernier, sur toutes les grandes principales du réseau, notamment sur les lignes suivantes :

Paris à Dieppe par Pontoise. — Paris à Rouen et au Havre. — Paris à Caen et à Cherbourg. — Paris à Granville. — Paris à Rennes et à Brest. — Paris à Bordeaux. — Rouen au Mans et à Angers. — Rennes à Nantes et à Bordeaux.

Ouvrages analysés dans le présent numéro (suite)

LIBRAIRIE FELIX ALCAN

PUBLICATIONS SUR LA GUERRE

Viennent de paraître :

LA VICTOIRE EN L'AN II

Par A. MATHIEZ

Professeur d'histoire moderne à l'Université de Besançon.

1 vol. in-16 de la *Bibliothèque d'Histoire contemporaine*. . . . . 3 fr. 50

LE BUDGET ET LE DÉFICIT

Par PIERRE BAUDIN

Sénateur

2e édition, avec une préface nouvelle.

1 vol. in-16. . . . . 3 fr. 50

Rappel d'actualité :

Bonaparte à Ancône, par P. BODEREAU docteur ès lettres de l'Université de Paris. Préface du Général H. DE LACROIX. 1 vol. in-16 de la *Bibliothèque d'Histoire contemporaine*. . . . . 3 fr. 50

Cet ouvrage est une étude sur la politique du Directoire et de Bonaparte dans l'Italie péninsulaire et sur les rives de l'Adriatique.

Après avoir rappelé les raisons militaires et financières qui, à la fin de 1799, rendirent nécessaire la marche sur Rome, l'auteur indique comment Bonaparte choisit pour cette expédition, la route d'Ancône et les avantages qu'il en retira pour l'exécution et la sécurité de l'armée. L'Italie engagée, au nord du Pô, contre les Autrichiens.

Cette étude est complétée par un exposé de la politique orientale de Bonaparte à cette époque : occupation des îles Ioniennes, concentration dans l'Adriatique de l'escadre française de la Méditerranée et de la flotte vénitienne, utilisation du port d'Ancône pendant la campagne d'Italie et pendant l'expédition d'Égypte.

Les événements de la guerre actuelle : opérations de la flotte franco-anglo-italienne dans l'Adriatique, bombardements aériens d'Ancône, retraite de l'héroïque armée serbe en Albanie, occupation du Monténégro par l'Autriche et de Vallona par l'Italie, débarquement des troupes françaises à Corfou, donnent à ce livre un véritable intérêt d'actualité et montrent, par comparaison, la permanence des nécessités militaires et navales qui s'imposent aux nations belligérantes, sur ce théâtre oriental de la guerre, malgré la transformation des armements.

Ce livre est précédé d'une intéressante préface du général de Lacroix.

Coulommiers. — Imp. Paul BRODARD.

haut une possession aventurée, indéfendable, allait remettre bénévolement Kyao-tcheou à la Chine? Quelques-uns le croyaient, montrant peu de clairvoyance; beaucoup en eussent été désappointés; ils savouraient d'avance autant le plaisir que le profit de chasser les Allemands du Chan-tong. Le comte Ôkouma préparait ses moyens financiers et militaires, négociait en Europe et en Amérique, s'efforçait de mettre les adversaires dans leur tort, ne se laissait pas émouvoir par les murmures de la rue.

Enfin l'ultimatum fut lancé; il apparut comme un premier triomphe; l'Empire allait donc rentrer dans sa carrière glorieuse. Orgueilleux de tout son passé et tenant en piètre estime ses voisins coréens et chinois, le peuple japonais a un sentiment très juste de l'œuvre merveilleuse accomplie dans la période Méi-dzi. Il y a cinquante ans, le Japon était enfermé dans trois de ses grandes îles, divisé à l'intérieur, sans influence, sans crédit au dehors; les pays d'occident lui avaient imposé un tarif de douanes onéreux et la juridiction consulaire, puis avaient bombardé quelques-uns de ses ports et dans d'autres avaient installé une garde militaire pour leurs nationaux; il fallait à la fois remettre l'autorité dans les mains de l'Empereur, accroître ce pouvoir en l'organisant d'après le modèle européen et en l'étendant sur les territoires voisins des trois îles, faire admettre l'Empire régénéré comme un égal par les Puissances qui par traité l'avaient dépouillé d'une part de ses droits souverains. D'abord furent incorporées à l'Empire des terres qu'une longue tradition lui rattachait, bien que d'un lien assez lâche, l'île peu peuplée de Ezo (ou Hokkaï dō) en 1869 et l'archipel des Ryou-kyou (juillet 1874, avril 1879). La Corée, en vertu des légendes et de l'histoire, attirait puissamment les hommes de la Restauration; une civilisation originale encore vivace, le ressentiment des luttes passées, les intérêts de deux puissants voisins, la Chine suzeraine antique, la Russie cherchant la mer libre, arrêtèrent longtemps de ce côté la course victorieuse du nouveau Japon; annexée le 24 août 1910, la Corée trop différente est soumise à un régime spécial en qualité de colonie. Le sud de Sakhalin (Karahouto), Formose et le Kwan-tong sont aussi des colonies, dues à la conquête, requises pour des raisons économiques et militaires; mais la vocation du Japon à ces terres a peu de racines dans le passé. Aux yeux de nombreux Japonais, les

colonies forment sans doute une zone extérieure de l'Empire et n'ont
pas part égale à la dilection de tout patriote (quel Japonais n'est
patriote?) pour le sol sacré; leurs indigènes peuvent être des sujets
du Mikado, ils ne sauraient avoir avec la Maison Impériale la quasi-
communauté d'origine mythique, ni même envers son chef le privilège du loyalisme immémorial; jamais, au moins depuis les temps
historiques, un empereur n'a quitté le sol du vieux Japon; l'an
dernier [1], à l'occasion du couronnement, il était question pour le
nouveau Tennô d'aller visiter ses domaines de Corée, de Sakhalin
et de Formose et cette initiative, en raison de sa gravité, était l'objet
pour le ministère de la Cour d'un examen approfondi. On conçoit donc
pourquoi les nouvelles conquêtes ne peuvent être dès à présent incorporées à l'Empire comme l'ont été Ézo et les Ryou-kyou, comment
le souverain japonais ne saurait, sinon de loin, régner sur des con-
tinentaux. Toutefois les politiques, et ils sont nombreux, n'oublient
ni l'importance du domaine extérieur ni le rôle que peuvent jouer
les Japonais émigrés à l'étranger : les uns songent à de riches colonies, agricoles et commerçantes, à de « nouveaux Japons », *sin
Nihon*, qui fleuriraient dans l'Amérique du sud, ou quelque part sur
les rives du Pacifique ; d'autres, voyant leur pays placé entre 400 millions de Chinois, 160 millions de Russes et 100 millions de citoyens
des États-Unis, préféreraient garder leurs compatriotes groupés au
Japon, en Corée, en Mantchourie et pensent après quelques décades
pouvoir en dénombrer 100 millions. Entre ces deux tendances, les
futures relations extérieures jugeront. En même temps que le nouvel
Empire prenait pied sur le continent, quadruplait sa façade sur le
Pacifique et jetait au delà des milliers de ses sujets, il revendiquait
sa place dans la société des États, d'abord contre la Chine qui, à
Simonoséki (17 avril 1895), devait lui reconnaître chez elle les droits
d'exterritorialité et les privilèges consulaires impatiemment subis
par lui-même; à peu près en même temps, sa diplomatie obtenait de
l'Angleterre (18 juillet 1894), puis des autres Puissances la revi-
sion des traités du chôgounat : il se sentait enfin autonome et maître
chez soi. L'alliance avec l'Angleterre (30 janvier 1902), la victoire
sur la Russie l'ont élevé sans conteste au rang des Puissances domi-

1. *Japan Mail*, 6 février 1915, p. 195.

Gouvernement Impérial Allemand d'avoir à exécuter les deux propositions suivantes : 1° retirer immédiatement des eaux japonaises et chinoises les navires de guerre et vaisseaux armés allemands de toute nature, et désarmer sans délai ceux qui ne peuvent être retirés ; 2° remettre sans condition ni compensation aux autorités impériales japonaises, à une date qui ne saurait être postérieure au 15 septembre 1914, tout le territoire loué de Kiao-tcheou en vue d'une restitution éventuelle du dit territoire à la Chine. Le Gouvernement Impérial du Japon annonce en même temps que, au cas où le 23 août 1914 à midi, il n'aurait pas reçu du Gouvernement Impérial Allemand une réponse notifiant acceptation inconditionnelle de l'avis précédent, il se verrait contraint d'agir comme il croirait nécessaire pour faire face à la situation [1].

À cette communication d'une délicieuse insolence, l'Allemagne ne fit aucune réponse ; elle n'imagina qu'une réplique un peu ridicule en faisant prescrire à l'ambassadeur d'Autriche de demander ses passeports ; cette démarche (25 août), précédée d'une petite rouerie destinée à sauver le croiseur autrichien *Kaiserin Elisabeth*, n'était pas de nature à impressionner le gouvernement de Tōkyō [2].

L'ultimatum mettait fin aux incertitudes et aux délibérations soulevées tant par la crise européenne que par la démarche de la Grande-Bretagne. Cette Puissance, en effet, avait requis du Japon (7 août) la protection due en vertu du traité d'alliance au commerce et aux intérêts britanniques en Extrême-Orient ; le Cabinet anglais ne songeait, semble-t-il, à ce moment qu'à faire assurer la police des mers de Chine ; les autorités japonaises estimèrent au contraire qu'il était indispensable pour atteindre ce but de détruire la base allemande de Tshing-tao. Un échange de vues suivit, où la Grande-Bretagne éprouva quelque surprise du degré avancé des préparatifs japonais et montra peut-être le souci de limiter l'action de son allié en Chine. Depuis plusieurs mois, l'alliance avait été l'objet, dans les deux pays, des conversations des hommes politiques et des articles de la presse : le principe du *statu quo* en Chine et de l'égalité du traitement, *equal opportunities*, pour les différentes Puissances était-il respecté ? n'était-il pas attaqué par la politique anglaise au Tibet, aussi bien que par les ententes mongoles de la Russie ? devait-on, ainsi que le pensait le comte Ōkuma, premier ministre, tendre vers

1. *Japan Week*, 28 août 1914, p. 178.
2. *Id.*, 4 septembre 1914, p. 61.

une action économique commune des deux pays, action difficile à concevoir et à réaliser? et, si l'on allait plus au fond, l'alliance même était-elle intacte en face de l'hostilité persistante des dominions britanniques, après le renouvellement de 1911, qui exceptait le cas d'hostilités entre le Japon et les États-Unis? Bon nombre de Japonais ne croyaient pas que l'Angleterre gardât à l'égard de leur pays ses sentiments de naguère; d'autres, sans fermer les yeux aux difficultés d'application, étaient persuadés que le Cabinet de Londres cherchait loyalement à les résoudre. Tous admettaient l'utilité de l'alliance pour le pays, surtout peut-être en cas de complications sur le Pacifique; tous furent unanimes aussi à reconnaître le devoir incombant à l'Empire et à vouloir fournir à la Grande-Bretagne une aide équivalente à celle qui avait été reçue en 1904-1905.

Mais quelle était la limite de ces obligations? Pendant les conversations entre Tôkyô et Londres, une délégation de la Chambre des Pairs comprenant des membres de tous les groupes vint recommander au Premier Ministre la plus stricte modération dans les décisions du gouvernement, en lui signalant la nécessité des économies et le danger d'un appel de la Chine à une tierce Puissance; le bruit courait en même temps qu'à moins d'une provocation de l'Allemagne, l'armée japonaise resterait inactive et que la flotte se bornerait à enfermer à Kyao-tcheou les vaisseaux ennemis[1]. Les timorés publiaient leurs idées politiques, espérant en rendre plus aisée la réalisation. Les États-Unis, que l'on ne nommait point, étaient naturellement désignés à l'attention du gouvernement par le souvenir des difficultés renaissantes; malgré la cordialité voulue de manifestations réitérées, les Japonais étaient toujours en butte à la méfiance des représentants et de la presse dans les États de l'ouest; divers projets de loi sur l'immigration, sur la naturalisation des Asiatiques, sur l'accès au droit de propriété étaient discutés ou même votés; ce mouvement s'était à l'automne de 1913 étendu à la Floride[2], et parmi les troubles du Mexique certains journaux pensaient discerner des intentions d'intervention japonaise. Les Japonais, de leur part, étaient en éveil sur l'activité croissante déployée par les Américains en Chine,

---

1. *Japan Mail*, 23 août 1913, p. 179.
2. *Id.*, 18 octobre 1913, p. 196; 25 octobre, p. v.

depuis que leur gouvernement avait déclaré (19 mars 1913) se retirer du consortium financier des six Puissances; il était question d'une entreprise de dragage, de concessions à la Standard Oil Company portant non seulement sur le Chan-si, mais sur la région de Je-ho qui rentre manifestement dans la sphère japonaise; un emprunt aurait été envisagé pour organiser sous la direction américaine un port à San-tou-ngao, au Fou-kyen, province où le Japon a des droits spéciaux. On avait même parlé d'une alliance sino-américaine et, malgré les explications très nettes de Washington et les dénégations de Tōkyō[1], l'opinion des cercles politiques restait hésitante dans les deux pays. La question de Kyao-tcheou réveillait les appréhensions, que la presse allemande des États-Unis chercha aussitôt à surexciter: maîtresse de cette base navale et des îles allemandes du Pacifique, n'étant plus contre-balancée par les vaisseaux allemands, appuyée sur l'alliance anglaise renforcée, la flotte japonaise n'allait-elle pas dominer des Philippines à Panama? L'interprétation large de la convention anglo-japonaise prévalut toutefois, mais les assurances données par le comte Ōkouma et le baron Tsinda, ambassadeur, de restituer le territoire de Kyao-tcheou à la Chine et de respecter l'intégrité territoriale de cette république, satisfirent le président Wilson, qui fit une déclaration de neutralité (21 août)[2]. Le Cabinet de Washington était déjà mis en garde contre les menées allemandes par la proposition qui lui avait été faite de lui remettre en dépôt le territoire de Kyao-tcheou jusqu'au jour de la restitution à la Chine[3]. Cette Puissance, en effet, ne pouvait rentrer en possession avant l'expiration du bail de quatre-vingt-dix-neuf ans que moyennant le remboursement de toutes les dépenses faites par l'Allemagne, et elle désirait peu assumer cette charge. L'offre captieuse de Berlin avait donc été repoussée, et la plus stricte neutralité conseillée au président Yuen[4].

L'attitude énergique du premier ministre Ōkouma, pour être contraire aux idées d'une partie des Pairs, ne trouvait pas moins des approbateurs dans les milieux les plus divers depuis l'armée jusqu'à

---

1. *Japan Mail*, 13 juin 1914, p. VII.
2. *Id.*, 29 août 1914, p. IV.
3. *Id.*, 29 août 1914, p. IV.
4. *Id.*, 22 août 1914, p. 180; 26 septembre, p. 294.

la presse. L'opinion aimait à se rappeler la clairvoyance qu'il avait montrée à propos des affaires russes de Mandchourie, son rôle dans les sociétés visant à étendre l'influence japonaise, sa passion constante de la grandeur du pays au dedans et au dehors. Ces sentiments le mettaient à présent d'accord pour une action ferme avec ses anciens adversaires, le duc Yamagata, le principal organisateur de l'armée, le chef des conservateurs, et les autres gen-rô. Un tel rapprochement fut salué par tous comme le retour à la concorde nationale, fort ébranlée depuis deux ans, d'abord par la crise constitutionnelle, ensuite par les scandales de la marine : la guerre européenne refaisait l'union du pays et purifiait l'atmosphère.

Les vues du Cabinet concordaient encore avec le sentiment de la presse et de la nation envers les autres États belligérants. La France, la Russie et l'Allemagne s'étaient unies en avril 1895 pour conseiller au Japon vainqueur de renoncer à la possession du Lyao-tong ; tandis que les trois ministres agissaient à Tôkyô, les commandants des trois flottes se tenaient prêts à les appuyer : l'amiral de Beaumont sut modérer l'ardeur de son collègue russe, de même que le ministre de France, M. Harmand, parvenait à donner à cette démarche pénible le caractère le moins offensant et à s'assurer toute la considération du Cabinet japonais. De cette intervention, le Japon garda du ressentiment surtout contre la Russie et l'Allemagne ; au contraire, la France, malgré ses précédentes tentatives sur Formose, déclara bientôt qu'elle n'avait nulle intention de s'immiscer dans les affaires de l'île et, par son désintéressement avisé, adoucit l'amertume du gouvernement mikadonal ; trois ans plus tard, cette impression s'accentua encore, quand on vit l'Allemagne et la Russie s'installer à Kyao-tcheou et à Port-Arthur, l'une sur le territoire rétrocédé, l'autre en un point dominant les communications de Formose avec l'Empire : l'établissement contemporain de la France à Kwang-tcheou-wan ne touchait nullement aux intérêts du Japon, que les débuts de Formose n'encourageaient guère à la colonisation tropicale. Affectées par les débats au sujet des questions de neutralité pendant la guerre avec la Russie (1904-1905), les relations franco-japonaises reprirent bientôt leur cordialité, le Japon ne manquant pas, après coup et son intérêt n'étant plus en jeu, d'appré-

cier la fidélité de la France à son allié. L'accord du 10 juin 1907 manifesta ces bonnes dispositions réciproques, qui ont permis la coopération des capitaux français au développement économique du Japon et l'extension dans ce pays d'importantes maisons françaises d'enseignement.

La crainte de la Russie date de loin. Dès la fin du XVIIIe siècle, le chôgounat était averti des desseins russes sur le Pacifique nord et, depuis, les autorités de Édo d'abord, de Tôkyô ensuite, ont dû plus d'une fois faire face à des tentatives de leurs voisins. La guerre de Mantchourie a donc eu pour but d'écarter une fois pour toutes la pression russe du Lyao-tong et de la Corée, le désir de venger l'affront reçu y a eu une part secondaire; le résultat une fois atteint, elle n'a pas laissé de rancœur dans l'esprit des Japonais, moins à coup sûr que dans une partie de l'opinion russe qui se méfie de tous les Asiatiques pour l'avenir de la Sibérie transbaïkalienne. Aussi depuis le traité de Portsmouth a-t-on vu Saint-Pétersbourg et Tôkyô s'entendre fréquemment sur les questions de chemins de fer et de pêcheries; plusieurs accords ont été conclus, l'un d'une portée générale et un peu vague (30 juillet 1907), les autres (4 juillet 1910, 8 juillet 1912) confirmant et définissant la situation des deux Puissances en Mantchourie et en Mongolie. Aucun sujet de désaccord n'existant plus, les intérêts connexes étant délimités, le Japon était au contraire porté vers la Russie par ses relations cordiales avec les autres membres de la Triple-Entente. Dès les premières semaines de la guerre européenne, des assurances de bon vouloir furent probablement échangées, la presse des deux pays salua chaleureusement l'orientation nouvelle préparée de longue date par M. Motono, ambassadeur en Russie; la première manifestation du côté russe fut la mission du général Germonius qui, parti de Pétrograd le 23 août, débarqua le 9 septembre à Tsourouga et fit ostensiblement de gros achats de matériel de guerre. On parla à mots couverts de négociations plus importantes qui furent démenties. Il semble aussi qu'à partir du mois d'août le Cabinet de Tôkyô tint un langage bien plus libre à propos de la création de deux divisions en Corée : cette augmentation des forces de terre, réclamée depuis deux ans ou davantage en vue de complications éventuelles du fait de la Chine, était toujours ardemment discutée par les partis et avait contribué à

ébranler plusieurs Cabinets; elle ne pouvait être mal interprétée par la Russie devenue amie?

Bien disposée à l'égard de la Triple-Entente, la presse était unanime contre l'Allemagne, en qui elle voyait l'instigatrice de l'intervention de 1895. Tandis que les relations avec la France et avec la Russie avaient évolué, rien ne s'était passé à l'égard de l'Empire Allemand, les rapports étaient toujours restés corrects sans devenir plus cordiaux ni plus froids; la situation paraissait exactement la même que dix-neuf ans plus tôt au lendemain de l'entrevue entre le vicomte Montsou Mounémitsou, le ministre d'alors, et le baron von Gutschmid : mais les Japonais, avisés, calculateurs autant que passionnés à leur heure, discernaient les appétits cachés sous cette froideur. N'était-ce pas, d'ailleurs, pour l'Empire Allemand, avoir reculé que d'être resté en place, tandis que les autres se rapprochaient? Survint tout d'un coup une révélation bruyante des procédés allemands par l'affaire Siemens-Schuckert contre Richter, jugée en Allemagne; il fut établi, ainsi que le déclara M. Liebknecht, que la maison Siemens-Schuckert avait pendant un temps considérable corrompu des officiers de la marine japonaise, nombreux et haut placés; les autorités consulaires allemandes ne semblaient pas tout à fait en dehors de l'affaire. Les enquêtes, procès, destitutions occupèrent les six premiers mois de 1914 et froissèrent vivement l'orgueil japonais[1]. L'imprudence allemande à la fin de juillet et dans les premiers jours d'août souleva dans le pays une vague d'indignation et ce fut un soulagement quand on apprit l'ultimatum de la Grande-Bretagne. Immédiatement, le peuple pensa à la guerre, souhaitant de venger enfin l'humiliation passée; les journaux étaient à l'affût des conseils ministériels, observaient les arsenaux dont on croyait voir redoubler l'activité; la marine et l'armée dissimulaient à peine leurs sentiments. Mais le gouvernement ne s'expliquait pas; à quoi attribuer cette hésitation? à l'inertie des ministres? à des conditions posées par l'Angleterre? on faisait-il croire qu'on négociait avec l'Allemagne et que cet empire, abandon-

---

1. *Japan Mail*, 5 septembre 1914, p. 225; 12 septembre, p. 251; 17 septembre, p. 270; 30 septembre, p. 293; 3 octobre, p. 311.
2. *North China Herald*, 24 janvier 1914, p. 269; 7 février, p. 404. — *Japan Mail*, 29 juin 1914, p. x.

nantes. Ces cinquante ans de triomphe inspirent aux Japonais une légitime fierté dont le plus humble perçoit les justes motifs : l'application des nouveaux traités (30 juin 1899), la conclusion de l'alliance anglaise ont été fêtées par tout le peuple, autant ou plus que d'autres faits plus frappants et plus intelligibles. Aussi au mois d'août 1914 le pays applaudissait à la déclaration de guerre de la Grande-Bretagne et poussait le gouvernement contre l'Allemagne, dont il avait naguère senti la menace et dont il devinait l'avidité sans scrupule ; il voulait à la fois écarter un voisin dangereux et s'assurer une voix dans le futur congrès qui aurait à régler la paix.

**

La première attaque contre Tshing-tao fut faite dans la nuit du 23 au 24 août par quelques destroyers britanniques, qui rentrèrent le matin à Wei-hai-wei, sans pertes graves. La flotte du vice-amiral Katō établit le blocus le 27[1]. A partir du 2 septembre, les troupes japonaises commencèrent de débarquer sur la côte nord de la presqu'île dans la région de Lai-tcheou; une partie se dirigea au sud-ouest vers Wei-hyen, une autre au sud vers la ville chinoise de Kyao-tcheou pour s'emparer de la voie ferrée en ces deux points. Un peu plus tard, d'autres corps prirent terre à Lao-chan sur la côte sud, au nord-est de Tshing-tao; là aussi arriva le 23 septembre le brigadier général Barnardiston avec des troupes anglaises provenant de Wei-hai-wei[2]. La ville se rendit le 7 novembre et en signe d'estime l'Empereur ordonna de laisser leurs épées au gouverneur Meyer-Waldeck et à ses principaux officiers. L'annonce de la victoire, le retour de l'amiral Katō, puis du général Kamio, la visite à Tōkyō du général Barnardiston, furent célébrés avec éclat[3].

La campagne du Japon contre l'Allemagne se déroulait partie en territoire chinois, partie en territoire cédé à bail par la Chine. Cette situation ambiguë ne pouvait manquer de soulever des difficultés. La Chine fit de bonne heure une déclaration de neutralité et dès le 12 août on annonçait que quatre divisions étaient mobilisées au

1. *Japan Mail*, 29 août 1914, pp. 295, 296.
2. *Id.*, 5 septembre 1914, p. 239; 26 septembre, p. 301.
3. *Id.*, 14 novembre 1914, p. 453; 5 décembre, p. 528; 19 décembre, p. 574, 586.

Tchi-li et au Chan-tong, prêtes à l'appuyer. Quand le Japon entra résolument dans l'affaire, la grande république voisine ne se tint pas à sa première attitude; elle n'était pas sans méfiance à propos des nouveaux desseins de l'Allemagne, fondation récente à Berlin d'un institut scientifique et économique, soutenu et patronné par les plus hauts personnages officiels, ainsi que par les sociétés industrielles et commerciales, projetant la création en Chine d'établissements d'instruction et autres; de plus prochaine construction au Chan-tong d'une grande aciérie sous la direction de la maison Krupp. D'autre part, un voyage à Berlin fait quelques mois plus tôt par le fils du président Yuen indiquait des rapports assez intimes; le Président était reconnaissant de l'attitude favorable de l'Allemagne lors des réclamations de la Russie et de l'Angleterre pour le Tibet et la Mongolie[1]. Un bon nombre de mandarins, appréciant le système des pots-de-vin largement pratiqué par les maisons allemandes, une partie du monde commercial séduit par l'habitude des longs crédits, avaient des dispositions progermaniques. Les tendances divergentes s'opposant dans un pays de gouvernement faible et sans principes politiques bien arrêtés, on pensa faire un jeu de bascule entre les deux belligérants, aucune attitude ferme ne fut, ni peut-être ne pouvait être adoptée à Péking; en fin de compte, on y subit la poussée des événements. Un arrangement fut conclu avec Tōkyō, dit le *Nitci-nitci*, avant l'ultimatum du 15 août: une zone fut déterminée d'abord, puis légèrement étendue, où les troupes japonaises pourraient débarquer, opérer, user du chemin de fer sans être réputées avoir violé la neutralité chinoise[2], ou du moins sans que la Chine fît plus que formuler à l'avance une protestation de pure forme. Si la République eût prétendu écarter en fait les hostilités de son sol, elle eût dû s'opposer au débarquement, aux opérations des alliés dans ses eaux territoriales, mais aussi mettre obstacle aux mesures militaires des Allemands, au besoin les expulser du territoire loué, qui demeure chinois en principe. Ni sa convention de 1898, ni ses moyens d'action ne lui permettaient de se faire respecter; elle traça donc la part du feu, selon le précédent de la guerre russo-japonaise, payant les fautes anté-

1. *Japan Mail*, 11 octobre 1913, p. 447; 13 décembre, p. 747; 28 mars 1914, p. v; 25 juillet, p. 98.
2. *Id.*, 29 août 1914, p. 203, 204, xi.

rieures par tous les désagréments et dangers de cette situation[1]. Les protestations ne lui manquèrent de part ni d'autre, à propos de la zone de guerre, étendue, mode et époque de fixation[2], à propos du passage de soldats allemands, de marins autrichiens provenant de la *Kaiserin Elisabeth*, pour des Japonais livrés aux Allemands, pour des actes d'espionnage commis par des Chinois, pour le poste de télégraphie sans fil de Wou-song. L'usage militaire du chemin de fer par les Allemands souleva de fréquentes difficultés ; la voie fut d'abord gardée par l'armée chinoise, dont quelques officiers entendaient remplir leur mission même par la force, mais l'esprit contraire prévalut et, les troupes chinoises étant retirées le 5 octobre, l'exploitation fut remise aux agents des chemins de fer impériaux japonais. les Allemands avaient fait sauter deux ponts ; les Japonais de leur côté s'étaient emparés des gares et dépôts de Wei-hyen, de Tsi-nan, de l'importante houillère de Hong-chan[3]. Aux plaintes réitérées de la Chine, le Cabinet de Tôkyô répondait avec la plus grande courtoisie ; une fois même, il donna satisfaction, en retirant les couleurs japonaises d'un torpilleur allemand échoué dans les eaux chinoises.

Pendant que se déroulait la campagne au Chan-tong, plusieurs îles allemandes du Pacifique, parmi les Marshall, les Mariannes, les Carolines, étaient saisies (octobre) par la flotte, tandis que la partie allemande des Samoa, au grand apaisement des États-Unis, était déjà occupée par les troupes de la Nouvelle-Zélande depuis la fin d'août, les rapports et documents japonais évitaient toute explication relative à un transfert de juridiction et tout terme de nature à éveiller les susceptibilités des États-Unis. Cette discrétion était probablement concertée avec les Cabinets de Londres et de Washington ; toutefois les faits prouvaient que, contrairement à ce qu'on avait cru d'abord, le Japon ne s'était pas engagé à s'abstenir dans le Pacifique ; aucune allusion à cette région ne se trouvait non plus dans la déclaration de neutralité du président Wilson, qui soulignait seulement l'affirmation de la part du Japon de son désintéressement territorial en Chine. Grâce à la modération de son attitude, le gou-

---

1. *North China Herald*, 12 septembre 1914, p. 825.
2. *Japan Mail*, 12 septembre 1914, p. 263 à 265 ; 26 septembre, p. 300, r, m.
3. *Id.*, 3 octobre 1914, p. 320-322 ; 10 octobre, p. 344 ; 17 octobre, p. 375, 377 ; 24 octobre, p. 397.

vernement du Mikado poursuivait sa double campagne sans inquiéter les intérêts anglais ni américains.

Une autre question dépassant également l'Extrême-Orient commença d'être agitée vers la chute de Tsing-tao, sans qu'on en pût soupçonner au début les détours embarrassants : quand la ville serait tombée, le Japon devait-il prendre part à la guerre européenne et envoyer des troupes en Occident? M. Pichon, ancien ministre des Affaires étrangères, semble avoir été le premier à lancer cette idée, qui fut discutée et développée par divers journaux français, puis dans la presse anglaise et russe; accueillie au Japon d'abord avec une curiosité presque railleuse, elle rencontra d'ardents avocats dans la rédaction du *Yamato* et trouva même des appuis qui n'ont pas été nommés; un fonds de propagande fut formé, on convoqua des réunions, un manifeste et un questionnaire furent adressés à tous les hommes marquants qui étaient avisés que, faute de réponse, ils seraient comptés pour partisans de la campagne d'Europe. Ces indiscrétions déplurent à l'opinion, qui s'en prit soit aux Puissances alliées, soit aux partisans du Premier Ministre; si les alliés, dirent les uns, avaient si grand besoin d'aide, c'est qu'ils n'étaient pas capables de faire leurs affaires eux-mêmes; et les autres accusaient le comte Okouma de machinations pour détourner l'attention du pays et pour raffermir sa popularité. Pourtant, parmi les défenseurs de la campagne en Europe, on comptait des hommes de partis opposés, gouvernemental et séi-you kwai; des journaux de toute nuance, tels le *Hô-tsi* et le *Tchou-ôô*, discutaient et protestaient. La propagande assez vive causa du souci au gouvernement qui n'avait pas pris parti dès l'abord, qui ne trouvait pas utile d'aller contre le vœu du pays, qui souhaitait aussi de ne froisser en rien les sentiments de ses alliés. Un ministre déclara qu'il désapprouvait l'agitation; le baron Katô, ministre des Affaires étrangères, expliqua publiquement ses hésitations; des avis donnés aux propagandistes firent le reste et mirent fin à une campagne entamée à la légère, jugée fâcheuse pour ses conséquences éventuelles. Parmi les partisans de l'intervention armée en Occident, les uns visaient seulement à accroître le prestige de l'Empire, à lui assurer une voix écoutée dans le congrès de la paix. Le docteur Nagao Ariga, précédemment conseiller légal du gouvernement chinois, préconisait l'expédition : le

---

Les prochains numéros contiendront :

Joseph Barthélemy. — Nos institutions politiques et la guerre.

Jean Brunhes. — Cohésions humaines et volonté nationale.

P. Ch. — Madame de Staël et la Russie.

Henri Froidevaux. — La formation historique du Cameroun allemand.

Henri Lorin. — L'Amérique du Sud et la Guerre.

Général Malleterre. — Les opérations de la guerre en 1914 : IIIe partie.

P. Rain. — Les pangermanistes et la guerre.

B. Combes de Patris. — La leçon de Waterloo. À propos d'un livre récent.

Stéphane Piot. — La littérature italienne et la guerre.

NOS GRANDES COLONIES ET LA GUERRE :

    I. Algérie, par Augustin Bernard.
    II. Indo-Chine, par Henri Brenier.
    III. Maroc, par E. Vatin-Pérignon.
    IV. Tunisie, par J. Barbizet.

Ouvrages analysés dans le présent numéro :

Dans les Comptes rendus critiques. — T. B. Woon et F. G. Hopkins, *Food economy in War Time* (E. d'Eichthal). — P. Leroy-Beaulieu, *La guerre de 1914 vue en son cours* (E. B. Duborn). — G. Germesin, *Dreadnought et submersible*. — A. Singer, *Histoire de la Triple-Alliance* (C. s.). — Louis Léger, *La liquidation de l'Autriche-Hongrie*. — A. Marvaud, *L'Espagne au XXe siècle* (M. C.). — J. Luchaire, *Les Démocraties italiennes*. — A. E. Sayous, *Les effets du krach économique de l'Allemagne* (E. B. Duborn). — *Pro Lithuania* (P. Ch.). — A. Pingaud, *L'Italie depuis 1870* (P. R.). — N. Bascomer, *La question du Bosphore et des Dardanelles* (P. R.). — G. Somville, *Vers Liège, le chemin du crime* (P. R.). — Ch. Seignobos, *1815-1915, du Congrès de Vienne à la guerre de 1914* (P. R.). — S. Court, *Alsace-Lorraine et France rhénane* (P. R.). — A. Thiers, *Choses vues sur les champs de bataille* (H. de Montardy). — L. Batiot, *L'entre-deux guerres* (H. M.). — E. Perrier, *France et Allemagne* (H. de Montardy). — K. Delahousse, *Joseph Magnin et son temps*. — G. Lachapelle, *Nos finances pendant la guerre*.

(Voir suite p. 3 de la couverture.)

REVUE

DES

SCIENCES POLITIQUES

Publiée avec la collaboration des professeurs et des anciens élèves
de l'École libre des Sciences politiques.

PARAISSANT TOUS LES DEUX MOIS

TROISIÈME SÉRIE. — TRENTE ET UNIÈME ANNÉE

TOME XXXV. — 1. 15 FÉVRIER 1916.

EXTRAIT

LA POLITIQUE DU JAPON
PENDANT LA PREMIÈRE ANNÉE
DE LA GUERRE EUROPÉENNE

PAR
Maurice COURANT

LIBRAIRIE FÉLIX ALCAN
108, BOULEVARD SAINT-GERMAIN, PARIS